# L'INSTRVCTION DV SOLDAT, TOVCHANT LE DEVOIR DES GVETS, ESCOVTES, Rondes, Sentinelles, & autres subiets de l'art militaire.

*Par* IEAN DESCIAV.

A PARIS,

Chez DENYS LANGLOIS, ruë sainct Iacques pres les Iacobins.

---

M. DC. XV.

*Auec Priuilege du Roy.*

*Le subiect de ce discours.*

IE traicte de quatre matieres. La premiere est, de ce que doit obseruer le simple Soldat pour viure en homme de bien.

La seconde des douze factions ou sentinelles, differentes les vnes des autres, ou le simple Soldat peut estre posé.

La troisiesme, du deuoir de la Ronde.

La quatriesme est, des moyens qui seruent à recognoistre la capacité de ceux ausquels l'on veut donner charge, ou commandement.

# AV ROY.

*SIRE,*

*Si ie prends la hardiesse d'estaller parmy vostre riche Royaume le peu de profit que i'ay peu faire en portant les armes au seruice de vostre riche & triomphante Couronne, à celuy de la Maiesté Imperiale, à celuy du Roy d'Espagne, & à celuy de la grande Seigneurie de Venise, ie le fay à l'imitation de tous vos autres fidelles subiects qui s'efforcent tous à qui mieux mieux d'offrir toute leur industrie pour l'ornement, deffence & conseruation de vostre heureuse & redoutable Monarchie. Encores y a il, Sire, deux causes qui m'in-*

*duisent à le faire, l'vne est que les Autheurs qui ont escrit de l'art-militaire n'ayant que maigrement parlé des deuoirs que ie represente qui sont tres-importans, i'ay creu estre raisonnable de suppleer à leur deffaut. L'autre cause qui est la principale, est que ce petit discours a eu l'honneur d'estre entre vos belliqueuses mains. Et ceux qui me l'ont rendu m'ont dit que vostre Maiesté auroit plaisir de le voir imprimé. Vostre plaisir donc, ô Sire, qui me peut faire porter aux lieux plus hazardeux du monde, m'a commandé de l'imprimer, & m'a donné la hardiesse de le dedier à vostre Maiesté & de la prier tres-humblement de le receuoir en bonne part de la main*

SIRE

De vostre tres-humble & tres-obeïssant subiect & seruiteur
IEAN DESCIAV.

# LE DEVOIR DES GVETS, ESCOVTES, RONDES & Sentinelles.

Les murailles de la milice sont les Guets, Escoutes, rondes & Sentinelles qui sont autour d'vn camp & sur ramparts & murailles. Mais au Soldat qui veut s'y rendre idoine pour s'acquitter de son deuoir, quatre qualitez luy sont requises.

La premiere, d'auoir la crainte de Dieu deuant ses yeux, & estre fidelle à son Prince, & ne faire tort à personne qu'à ses ennemis en souuenance du serment qu'il a fait.

La seconde est l'obeïssance, ne rien refuser à ses superieurs, estre prompt à executer leurs commandemens.

La troisiesme est d'apprendre à se bien seruir de ses armes pour bien attaquer, & mieux deffendre.

La quatriesme d'estre soigneux de son deuoir, estre desireux de l'apprendre tant pour s'en bien acquiter, que pour fuir les punitions qui se font pour les fautes commises, que pour paruenir aux charges & honneurs, & pource faire doit prier son Caporal & Lancepassade, & autre, de luy enseigner & monstrer à se mettre en deffense, & à quoy consiste son deuoir pour auoir le temps de l'entraciner en sa memoire, car il ne seroit pas temps d'attendre sur le lieu.

Amy Lecteur, ie t'aduertis que le Soldat pour s'acquitter de son deuoir doit estre muny de pouldre, balles & mesche & fuzil, bougie, aussi luy est necessaire moule & tireboure. Le picquier ne doit point manquer de petits cloux, vne lime luy seroit fort propre, car l'on ne trouue pas des armuriers par tout. Le mousquetaire doit apprendre à faire ses balles & mesche, si par fortune il en auoit faute, car on ne trouue pas de la munition par tout, & quelquesfois elle se trouue courte, mais la sçachant faire il la faut allonger ayant les materiaux.

Il apprendra à nager, car cela luy est fort vtile. Ie le sçay pour m'en estre seruy,

Il aura tant le mousquetaire que l'harque-busier deux ou trois balles en bouche, sa mesche allumée par les deux bouts selon les lieux où il sera, comme dans les tranchées ou autres lieux en temps de l'alarme, bref ses armes seront prestes à toutes sortes de deuoirs militaires, comme il est tousiours prest à receuoir de l'argent: non pas faire comme le Soldat d'Alexandre le grand qui attendit iusques à l'heure de la bataille de r'accommoder la corde de son iauelot, lequel estant apperçeu par ledit Alexandre, fut cassé à la teste des bandes. Qu'il se donne bien garde de perdre ses armes, car les perdant il perd son honneur sans le tort qu'il fait à son Prince.

Il ne doit entrer en faction quelconque pour autruy sans permission ou commandement, ny prester ses armes sans congé de celuy qui commande à la compagnie: qu'il se donne de garde tant le picquier que le mousquetaire qu'allant en faction se souuienne du commandement qui luy aura esté fait, & que ses armes soient en deffence. Qu'il charge a balle qu'il rafraischisse l'amorce de son mousquet ou harquebuse, car s'il venoit à faire vne faute, il ne lairroit d'en pattir aussi bien que celuy qui le commande, lequel doit auoir le soin de disposer ses armes, mais bien souuent ne s'en souuient pas, & à d'aucuns l'ignorance le leur fait oublier, qu'il se donne garde estant en faction d'estre surpris. Si c'est à vn passage qu'il s'escarte le plus qu'il pourra, & si c'est dans vne guerite, lors que la ronde vient à luy il doit sortir auec ses armes tournant la pointe du costé de la ronde iusques à ce qu'elle ait passé, se deffiant autant des vns que des autres.

Tout Soldat entrant en vne compagnie se doit informer où gist la perfection, & qui sont ceux qui sont capables, afin de les frequenter pour apprendre quelque chose d'eux, car il doit estre curieux de demander toutes choses qui luy sont vtiles, sans auoir crainte d'estre appellé ignorant, car il vaut mieux le donner à cognoistre en particulier, que non pas se faire cognoistre en commun. Qu'il ne frequente les ignorans que le moins qu'il pourra il ne doit vser parmy eux des paroles à double sens, c'est à dire à deux ententes, afin d'euiter aux querelles, & si quelqu'vn l'offence il se retirera à celuy qui commande à la compagnie pour luy en faire faire satisfaction, car le Roy le veut ainsi.

Qu'il voye les ordonnances craignant de faire quelque faute, ce qu'il doit abhorrer, & le doit euiter le plus qu'il pourra.

Qu'il se donne garde d'estre menteur, ny flatteur, ny rapporteur, que sur tout il ne rapporte rien de ce qu'il entendra dire à ses superieurs: & quand il aũra quelque plainte à faire à son Capitaine ou autres superieurs il la doit faire en particulier.

Et pour fuir aux querelles qu'il se donne garde d'vser de ces demandes etnicques & ridicules de nos François, qui sont de s'enquerir si cestuy-cy est riche, cestuy-là Gentil-homme, & l'autre roturier, qui sont des demandes infames, veu les grands malheurs qui en arriuent. Car le roturier qui aura atteint quelque perfection pour faire sa fortune se dira Gentil-homme, & toy tu t'en iras dire qu'il est villain ou roturier à vn tien amy, & l'amy à vn autre amy & de l'amy à l'ennemy, tu marchandes à te faire perdre, veu que tu conuies la personne de qui tu auras mesdit de se coupper la gorge contre toy, veu que tu luy puis causer vne si grande perte, car tel luy voudra du bien & l'honorera sous creance qu'il soit Gentil-homme, qui le mesprisera.

Que dirons nous du Gentil-homme nay pauure qui sera incogneu? le voyant nud tu demanderas ce qu'il est, & par le sot iugement de la veuë on te dira qu'il n'est pas Gentilhomme, ie te prie laisses ces demandes sinistres & peruerses, cache leurs infirmitez de mesmes que tu celes les tiennes, de peur qu'il n'en arriue du mal que tu ne le conuies de mesme que l'autre de se precipiter contre toy, & appren que ces informations ne sont deues qu'aux Roys & Princes & Seigneurs, & parens & parentes.

Au Roys & Princes & Seigneurs par authorité.

Et pour sçauoir à qui ils se doiuent fier pour donner les charges ou commandemens.

Aux parens & parentes pour sçauoir auec qui ils s'allient, ou auec vn Turc ou Iuif, ou Ladre.

La plus commune frequentation du soldat doit estre au logis de son Capitaine, tant pour s'acquiter de ſon deuoir enuers luy, que pour ouyr & entendre les choſes qui ſont de ſa vacation, car c'eſt là qu'il ſe peut rendre capable par le moyen des accords des querelles, & des autres bons diſcours qui s'y tiennent.

Il ne doit vendre ny engager ſes armes, ny meſme les changer de Soldat à Soldat ny auec nul autre ſans le ſçeu de celuy qui commande à la compagnie. Eſtant malade ou bleſſé doit aduertir auſſi celuy qui commande à la compagnie, & luy faire ſçauoir le lieu où il eſt malade.

Le Soldat ne doit partir du cartier ny du corps de garde moins deſſous le drappeau lors qu'il eſt aux champs ſans congé de celuy qui commande, & ſoit aduerty qu'il ne doit refuſer le commandement de tous ceux qui ont pouuoir dedans la compagnie, car il doit obeïr au dernier Lancepaſſade.

Le Soldat ne doit attendre le ſecond coup du tambour pour aller où il ſera appellé, & doit apprendre toute ſorte de batterie au ſon de tambour & trompette, voire les ſignals du canon pour mieux s'acquiter de ſon deuoir.

Doit cognoiſtre tous les chefs du regiment, Lieutenants & Enseignes, & Sergeans & autres selon les lieux, parce qu'ils luy peuuent commander, & ne doit refuser leurs commandemens & sans murmurer pour ne sçauoir pas pourquoy c'est, car ils ne sont pas tenus de luy en donner cognoissance.

Soit aduerty qu'en quelque lieu qu'il soit suruenant esmeute ou querelle, n'y doit porter autres armes que l'espée quād ce seroit pour deffendre son propre pere qu'en temps d'alarme il ne coure ailleurs qu'à son drappeau ou son corps de garde, & qu'il sçache qu'estant campé il ne doit coucher ailleurs que dans sa tante ou loge pour estre trouué à la necessité. S'il faut marcher à la sourdine, il ne doit aller dans les tranchées armé ny desarmé sans estre commandé. En quelque lieu qu'il soit il ne doit vendre munition quelconque, (car cela fait tort à son Prince, & bien souuent à luy-mesme) pour estre transportées à ses ennemis.

Tout Soldat soit aduerty que sortant d'vn quartier ne doit estre paresseux de porter du pain & autres viures, car il se doit deffier d'en trouuer par tout, veu que le Prince y est empesché luy-mesme bien ſouuent de ſes ennemis ou autres choſes, comme fut vn Cyrus Roy de Perſe, qui fut durant le Siege de Babylone contrainct d'ordonner de tuer de ſes ſoldats pour luy viure & le reſte des ſiens.

Le Soldat eſtant mis en bataille ne doit ſortir ſans eſtre forcé, & pour obſeruer l'ordre doit recognoiſtre quatre, trois, & deux de ſes compagnons, ſelon le lieu où il ſera, à ſçauoir quatre eſtant au milieu, trois eſtant ſur l'aiſle, & deux au coing, cela luy ſeruira pour retrouuer ſa place, & doit obſeruer le ſilence pour entendre le commandement qui ſe fait pour faire paſſer la parole à ceux qui n'en ont cognoiſſance. Remarque le mot de Paſſe parole (Lecteur) car il eſt d'importance la nuit principalement, car l'on puniſt ceux qui manquent à faire paſſer le commandement qui ſe fait.

Qu'il ſe garde d'eſtre larron, car cela deſroge à la qualité de ſoldat, & qu'il taſche à bien meſnager ſon argent, & qu'il le peſe en le depenſant auſſi bien qu'en le receuant, car s'il eſt court l'on ne luy receura pas, & qu'il ſe garde bien de s'enyurer, car cela le rend indigne d'auoir commandement, ſans l'offence qu'il faict à

Dieu d'en prendre plus qu'il ne luy en faut outre qu'il se priue de toute compagnie pour auoir l'esprit troublé & le visage deffiguré de telle façon. Que s'il se voyoit estant yure il auroit plus d'horreur sans comparaison que le chameau qui trouble l'eauë pour ne se voir pas, mais l'homme ne sçauroit voir estant yure, car s'il se voyoit il casseroit le miroir qu'il tiendroit, & qu'il se donne de garde de iurer le nom de Dieu, car le iurant est pis que les Iuifs qui crioient Qu'il meure, Crucifiez le. Il le doit prier d'vn bon zele & d'vne bonne affection & que son esprit ne soit transporté ailleurs. Car

*La priere sans idee*
*Par raison est reiectée:*
*Mais celle qui est d'esprit*
*Est plaisante à Iesus-Christ.*

Il n'est pas hors de propos que le Soldat apprenne plusieurs sortes de langues, tant pour son vtilité que pour au besoin en faire seruice à son Prince: & pour ce faire ie luy en donneray vn petit moyen qui sera la suitte de plusieurs vocables dictiõs ou paroles qui se diront icy, apres lesquelles iointes ensemble, ie les appelle clefs des langues, parce que par elles on trouue le moyen de ſe rendre congru à toutes ſortes de langues pratiquant ceux qui en ont cognoiſſance. Or ſçache qu'vne clef qui aura pluſieurs dents doit eſtre entiere pour s'en ſeruir, car s'il y en manque vne partie le reſte ne ſeruira de rien : auſſi ces dictions & vocables qui ſe diront cy-apres pour s'en ſeruir doiuent eſtre ioinctes enſemble pour en faire vne bonne clef d'intelligence & de ſcience. Nous parlerons donc de la premiere qui ſera la Françoiſe qui enſeignera les autres,

*Les sept deuoirs de la picque.*

Le premier est de mettre la pointe deuant aux entrées & sorties si ce n'est les derniers rangs, troisiesme ou quatriesme pour faire teste si besoin en est.

Le deuxiesme est qu'estant à la campagne le Roy ou la Royne, ou le general, ou le collonnel de l'infanterie venant à passer, la picque se doit porter droite en bataille iusques à ce qu'ils soient passez.

Le troisiesme est qu'à certain temps passant pardeuant ces personnages on doit abbaisser la pointe de la picque deuant contre terre plus ou moins selon les personnages à qui on fait la reuerence.

Le quatriesme que passant parmy des gens de guerre arrestez auec leurs armes la picque se doit porter droite passant tousiours en deffiance, ou bien pour leur faire honneur.

Le cinquiesme est aux enterremens où on porte la picque trainante la pointe contre terre.

Le sixiesme est qu'aux monstres ou autres occasions se rangeants à vn corps de bataillon en arriuant proche de la queuë de la longueur de la picque, on doit leuer

la picque

la picque en trois temps, & marcher auec grauité la remettant en trois temps.

La septiesme ceremonie de la picque est que aux lieux que l'on entre en garde de iour releuant compagnie ou escouade, il faut en approchant de la teste à la longueur de la picque leuer la picque auec grauité comme gens à qui on doit ceder la place, car d'entrer parmy eux auec la picque de bihais, comme ie voy faire, cela me fait resouuenir de ceux qui passent soubs le ioug, qui sortent hors d'vne place auec capitulation, qui ne doiuent porter leurs picques autrement que de biais.

Tout soldat bien aduisé doit sçauoir le nom de tous ceux de la compagnie pour s'en seruir selon les lieux & saisons, comme il luy sera commandé, comme deuant les armes qui en est le lieu plus requis.

*De la Sentinelle qu'on pose deuant les armes.*

Le Soldat donc estant en sentinelle deuant les armes doit auoir l'œil sur icelles, & à la porte du corps de garde, auquel il ne lairra entrer personne que ceux de la garde les recognoissant bien, & de nuict principalement ne doit permettre que personne y entre sans donner le mot, où il appellera le Caporal pour le receuoir, & ceux de la garde deuroient donner leur nom quand ils n'auroient sorty qu'vn pied hors du corps de garde, & pour ceste cause, demãder, Qui va-là, & respondant La ronde, ou bien, De la garde, il demandera qui, de la garde, ayant tousiours les armes en deffence, & prendre garde que personne ne transporte les armes hors du corps de garde, ny que personne les touche, ny manie sans en demander permission, & doit estre soigneux si les autres sentinelles n'appellent point, & doit obseruer tout ce qui luy sera enioint par celuy qui l'a posé, qu'il ne quitte sa place pour chose quelconque, car en cest endroit là & à vne barricade & sur vne muraille, il doit creuer auant que quitter la place.

*La sentinelle deuant le logis du Roy, ou du general d'armée.*

Le deuoir de la sentinelle de deuant le corps de logis du Roy ou du general d'armée, consiste a obseruer tout ce qui luy sera commandé par celuy qui l'a posé, il prendra garde que personne ne se querelle autour de luy, ce qu'il ne doit permettre, & le doit empescher par l'effort de ses armes, sans neantmoins quitter sa place, & cas aduenant que quelqu'vn se voulust sauuer deuers luy, il luy donnera le passage, & les autres les arrestera par l'effort de ses armes, & appellera le Caporal pour s'en saisir s'il peut, & en temps d'alarme, luy ayant esté commandé que personne n'entre auec des armes ou sans armes, doit les arrester sans attendre qu'ils soient à luy, & si la temerité les porte à le forcer, il doit descharger sur eux & appeller le Caporal pour les recognoistre, mais autrement c'est vn lieu qui est libre pour le passage, iusques à ce qu'il soit heure indeuë, que le logis du Roy ou general est fermé, qu'il doit s'informer à ceux qui vont roder là autour, sçauoir ce qu'ils cherchent, & selon le subiect il en aduertira ses superieurs. Il prendra garde que eschelle ny corde n'y soit tëduë pour monter ny descendre du logis du Roy ou general, il ne se laissera presser, & fera retirer vn chacun doucement qu'il ne frappe personne qu'auec grand subiect comme pour luy auoir refusé de se retirer d'aupres de luy: il ne doit chanter, ny siffler, ny discourir, il escoutera si l'on ne crie Arreste quelqu'vn, lequel doit estre arresté sans feinte : bref, il obseruera tout ce qui luy sera cõmandé, comme plus necessaire.

*De la sentinelle de la tranchée.*

Le deuoir de la sentinelle de la tranchée ou de l'enceint du corps de garde non clos, est de ne chanter, ny siffler, ny discourir, ny endurer personne aupres de luy, il doit auoir la mesche allumée par les deux bouts, auoir trois ou quatre balles en la bouche, & les armes tousiours en deffence, craignant la surprise, tant deuant que derriere, tant de ses ennemis, que de ses superieurs, qu'il ne doit laisser approcher qu'il ne cognoisse bien, & pour ce faire diront leur nom, ou bien le mot, si c'est lieu où il le faille donner, qu'il appellera celuy qui a pouuoir de le receuoir. Or ces noms luy seruiront pour recognoistre ceux qui ont pouuoir de le visiter, & pour luy aller faire vn commandement extraordinaire, & pour recognoistre la sentinelle perduë qui vient sans donner l'alarme, qu'il prendra son nom a basse voix à la pointe de ses armes, sans se fier pour dire de la garde, car les ennemis en diront bien autant: il ne doit laisser entrer personne ny sortir sans commandement expres, il fera arrester vn chacun le plus loin qu'il pourra iusques à ce qu'il aye appellé ses superieurs pour leur donner l'entrée ou la sortie; & si quelqu'vn des ennemis se va rendre à luy, le fera arrester à l'escart & appellera celuy qui cõmande pour le luy mettre entre les mains, il escoutera si les autres sentinelles n'appellent point pour faire le semblable, le faisant sçauoir à qui commande, il regardera par dedans & dehors pour empescher l'issuë ou entrée de quelque traistre, lequel doit estre tué ou saisi, mais il gardera de le tuér s'il n'y est forcé, & arresté ou non, il en aduertira ses superieurs. De plus il regardera s'il ne verra point quelque signal de feu, mesches, ou entendra quelque baston à feu ou cauallerie, ou bien la voix de quelqu'vn, ou apperceuant quelqu'vn ne s'en doit esmouuoir, s'il ne iuge bien que ce soit les ennemis, mais il fera son rapport à ceux qui le vont visiter de ce qu'il aura veu & ouy; car il ne doit quitter sa place sans estre forcé de l'ennemy apres auoir demandé Qui va là, selon le subiect tirera son coup ou appellera aux armes, se retirera d'vne sentinelle à l'autre droit au corps de garde, s'il est poursuiuy de l'ennemy, il rapportera au vray le subiect de l'alarme, & si c'est lieu qu'on luy eust enioint qu'il ne tirast point ny parlast point, & qu'apertement il vist les ennemis, sourdement se retirera à la sentinelle de derriere luy, & luy donnera à cognoistre qu'il ne va point aduertir le corps de garde à faux, & s'ils sont deux, l'vn demeurera à ladite pose iusques à estre forcé de la quitter, remarquant bien la façon des ennemis se retirera peu à peu d'vne sentinelle à l'autre: or s'ils sont deux ils doiuent faire vn coup d'estat, qui est que voyant vn iusques à deux qui vinssent en pas de renard pour entrer dedans le camp, ou enceint du corps de garde doiuent les espier sans mot dire, & celuy qui est le mieux en iambes qui a les armes les plus commodes, les doit suiure l'espée hors des pendans, s'il n'y peut porter ses armes, s'empeschant bien d'estre apperceu, iusques au lieu qu'il iugera qu'il sera assez fort pour les faire saisir par ses superieurs ou autres à qui il demandera mainforte au defaut de ses superieurs entre les mains desquels il doit laisser ses prisonniers, qu'ils s'empeschēt bien de tuer s'ils ne sont forcez à ce faire, or si ladite sentinelle & espiant les ennemis, voyoit qu'ils s'en retournassent deuant que d'entrer dans l'enceint pour les empescher de recognoistre doit se descouurir, & à haute voix demander, qui viue, & le plus expedient est d'obseruer tout ce qu'on luy aura commandé.

*De la sentinelle dessus la muraille.*

Le deuoir de la sentinelle de dessus vn rampart ou muraille, est de bien regarder & escouter, tant dedans que dehors le fossé & autres lieux, selon le subiect par le dedans, craignant les trahisons, prenant garde que quelque assemblée ne se face aux prochaines maisons de la muraille pour saper ou miner, ou choses semblables, & par le dehors il regardera s'il ne verra quelques mesches ou autres signals de feu, ou entendra de la caualerie, comme estant subiette à faire grand bruit, ou bien quelque baston à feu tant loin que prés, ou bien s'il entendra la voix de quelqu'vn, ou si les sentinelles n'appellent point pour se le faire entendre de l'vn à l'autre, iusques à ce que le corps de garde en aye cognoissance, ou deuant que d'appeller ny donner allarme qu'il vist vne ronde ou autre, qui aye pouuoir de le viſiter qu'il fuſt pres de là, il doit attendre d'appeller pour luy reciter tout ce qu'il aura veu & ouy, ou ce ſeroit qu'il viſt apertement les ennemis, car en cela il ne doit attendre perſonne, qu'il ne prenne l'alarme de luy-meſme, car il faut que ce ſoit pour auoir deſcouuert la trahiſon dicte cy-deuant, ou pour auoir ouy ou veu les ennemis à vn geſt de pierre du foſſé ou plus prés, apres auoir demandé, qui viue, qu'il ne s'amuſe à parler à perſonne, mais appellera ſes ſuperieurs pour ſatisfaire à leurs demandes. Et ſi apres leur auoir dict demeurez-là, qu'ils approchaſſent, ne feindra de deſcharger ſur eux ſans attendre leur entrepriſe. Il doit auoir les armes en deffence lors que la ronde & autres viennent vers luy, il leur ouurira le paſſage apres les auoir fait parler, & ſi c'eſt lieu qu'il faille donner le mot faut les arreſter pour le leur faire donner, & doit appeller le Caporal pour le receuoir: & s'il arriuoit vne ronde ſourde, doit luy faire donner vn mot qu'il doit auoir, ſi l'on me veut croire & prendre mon vſage, lequel mot il doit prendre à la pointe de ſes armes, car il eſt à propos que la ronde ſourde en aye deux, vn pour les rondes & corps de garde, & l'autre pour les sentinelles. Or autre que rondes estant apperceu sur vn rampart ou muraille doit estre saisi, sans neantmoins quitter sa pose, mais doit appeller le corps de garde à son ayde pour s'en saisir, s'empeschant bien de tuer s'ils ne sont forcez à ce faire, mais le tiendront prisonnier estroictement, iusques à ce qu'il soit mis entre les mains de leurs superieurs, que l'on en aduertira le plustost que faire se pourra, afin de changer l'ordre s'il en est necessaire. Donc pour ceste cause nul Soldat sans pouuoir ne se doit promener, tant de iour que de nuict sur rampart ny muraille és lieux soupçonneux principalement.

*Du deuoir du guet dessus vne tour.*

Le deuoir du guet ou sentinelle de dessus vne tour du bord de la mer ou par dessus vne porte de forteresse, ou lieu semblable doit regarder le plus loin qu'il pourra pour auoir le temps de discerner la cauallerie d'auec l'infanterie, barques d'auec galleres ou autres vaisseaux, & doit auoir pour faire le signal pour discerner l'vn d'auec l'autre, & monstrera de quel costé c'est, & en dira le nombre si faire se peut ou bien le sonnera par le moyen de la cloche, de laquelle il en donnera l'alarme si besoin en est, laquelle se doit donner voyant approcher les ennemis pour surprendre ou pour faire rafle de prisonniers ou du bestail : & si l'on ne veut point qu'il donne l'alarme, il appellera celuy qui a commandement ou bien il y aura au bas de la tour vne clochette pour en aduertir celuy qui commande, & de nuict qu'il entendist donner l'alarme ou bien qu'il ouit tirer vne sentinelle de minutte en minutte, sonnera sa cloche trois ou quatre fois, & si le feu est dans vn quartier fera la mesme chose, & dira ou monstrera de quel costé c'est par son signal.

*De la sentinelle de la porte de la forteresse.*

Deuoir de la sentinelle de la porte de forteresse ou place de guerre, elle prend garde que le passage ne soit empesché par le moyen du bestail ny que charrette n'y entre chargée de coffres, pailles, ny foins, carrosses fermez ou chose semblable, là où on se pourroit cacher tant entrant que sortant, elle appelle le Caporal pour y regarder & pour recognoistre toutes sortes de personnes qui veulent entrer, que ladicte sentinelle arrestera ayant les armes hautes & en deffence tandis qu'ils parlent à eux, qu'elles prennent garde sur tout que personne masquez n'entrent ny sortent, car quand ce seroit la femme du gouuerneur, elle doit oster son masque passant par deuant luy.

*De la sentinelle de l'embuscade.*

Le deuoir de la sentinelle d'vne embuscade est de prendre garde autour de soy, tant loin que prés, afin de iuger si personne, tant petite que grande ne viendra en lieu qu'il peust descouurir ladite embuscade, afin d'en aduertir sans se descouurir luy-mesme, car il faut que ce soit par signe ou appellant si le lieu le permet, qu'il s'empesche bien de tirer ny donner alarme si n'estoit surpris luy-mesme, de ce qu'il se doit bien garder, s'il ne veut en patir le premier.

*De la sentinelle des machines de guerre.*

Le deuoir de la sentinelle des poudres & machines de guerre, est prendre garde tant de iour que de nuict, que personne n'approche desdites poudres à la longueur d'vne picque auec du feu, & plus si faire se peut, & ne permettra que personne y entre sans le faire sçauoir au Commissaire pour leur liurer la munition ou satisfaire à leurs demandes, il demandera aux Sergeants ou autres qui viendront en leur place deuant de laisser approcher sçauoir combien d'hommes ils meinent auec eux, afin que quelqu'vn ne se meslast auec eux pour faire quelque fourbe.

*De la sentinelle du Canon.*

Le deuoir de la sentinelle du canon à reste ou en batterie, est de prendre garde que personne n'approche que les officiers du canon, mesmes pour empescher les espions doit empescher que personne ne passe, ne s'arreste en lieu qu'il puisse recognoistre le canon, ny voir là où il pointe.

*De la Vedete.*

La vedete ou sentinelle de dessus vne montagne ou lieu eminent, son deuoir consiste à regarder au loin & autour de soy pour voir s'il ne verra les ennemis, & les voyant, elle fera signe de son chappeau ou mouschoir au bout d'vn baston; & monstrera de quel costé c'est à son gros ou sentinelles Par fois elle tire son coup, par fois elle part sans faire semblant de rien, & par fois elle attend qu'elle soit forcée, elle se retire deuant iour failly, selon qu'il luy est commandé, soit aduerty que en quelque lieu qu'elle soit en sentinelle, ne doit parlementer auec les ennemis, bien que par eux il y fust conuié, & l'appellant pour ce faire, il en aduertira celuy qui commande, car c'est à luy à respondre à leurs demandes.

*De l'Escoute.*

Le deuoir de l'escoute ou sentinelle de la mine, est de bien escouter si les ennemis ne contreminent point, & les oyant trauailler doit bien escouter de quel costé, ou dessus ou dessous pour le declarer à ceux qui le vont visiter, & cas aduenant qu'il ouyst fermer la planche que l'on ne trauaillast plus à vn quart d'heure apres, sortira pour en aduertir ses superieurs, afin qu'ils ayent le temps d'y pourueoir, que celuy de l'entrée en aduertira, lequel doit empescher que personne n'y entre que ceux que celuy qui l'aura posé luy aura commandé.

*De la sentinelle perduë.*

Le deuoir de la sentinelle perduë consiste à bien obseruer tout ce qu'il luy sera commandé par celuy qui le pose. Il doit en arriuant sur le lieu remarquer pour sa conseruation tous les lieux montueux, comme arbres, buissons qui sont aupres de luy, pour s'empescher d'estre surpris venant de l'vn à l'autre, il doit mettre vn genoüil en terre si le lieu le permet, car c'est le moyen de voir tout ce qui viendra vers luy, tant d'vn costé que d'autre, regardant entre deux terres, & pour escouter mettra vne main à terre, car de demeurer le ventre à terre, si le lieu ne le requiert, garde le sommeil, & de se promener c'est le moyen de se faire voir à ceux qui sçauent le païs de ce qu'il se doit bien empescher tant des vns que des autres, si ce n'est d'vn seul traistre qui sortist hors de la tranchée ou l'enceint du corps de garde, lequel doit estre saisi ou tué, & s'ils sont deux, ils en attaqueront autres deux, apres auoir demandé à basse voix, qui va là, car ce pourroient bien estre ceux qui le viendroient releuer, ou pour luy faire vn commandement: mais pour vn plus grand nombre & pour ce petit, il ne doit laisser d'aller tacitement droict à la sentinelle de derriere luy la conuier de prendre garde partout, tandis qu'il va au corps de garde aduertir, afin que l'on change l'ordre, & s'ils sont deux, l'vne demeurera à ladite pose, si ce n'est qu'ils fussent empeschez de leurs prisonniers, & si la sentinelle de la trãchée ou de l'enceint estoit double, l'vn doit faire tous les rapports que la ſentinelle perduë leur fera, afin que la ſentinelle perduë retourne à ſon deuoir, mais eſtant ſeul la ſentinelle perduë fera ſon rapport elle meſme. Or s'il voioit apertement vn ou deux des ennemis, doit s'empeſcher d'eſtre apperceu luy-meſme, afin de les eſpier & les ſuiure pas à pas apres auoir monſtré à la ſentinelle de derriere luy le lieu où il eſtoit, afin qu'il y prenne garde, mais s'il y a trop loin, il ne ſe doit amuſer à cela. Car il faut que ſoit ſans perdre les ennemis de veuë. Or s'il voyoit que les ennemis s'en arreſtaſſent, & qu'il iugeaſt qu'ils ne fuſſent venus que pour recognoiſtre le foſſé, ſentinelles ou tranchées, il doit à haute voix demander, qui viue, en s'en retirant aux ſentinelles doubles, ou au corps de garde aduertir de ce qu'il ſe paſſe, & s'ils eſtoient deſcouuerts des autres ſentinelles, qu'il ne laiſſe de faire le meſme chemin aduenir. Or ſi les ennemis venoient à entrer dedans le tranchement ou enceint du corps de garde, il doit les ſuiure iuſques à ce qu'ils ayent arreſté, & doit bien ſur tout remarquer l'endroit où il ſera aſſez fort, afin de ſoudain par ſa viſteſſe les faſſent ſaiſir par ſes ſuperieurs ou autres à la necessité, a qui il demandera main-forte au deffaut de ses superieurs, entre les mains desquels il doit mettre ses prisonniers auec le moins de bruit que faire se pourra. Or de là il se retirera au corps de garde ou selon la volõté de ses superieurs. Or paracheuant sa faction, & voyant les ennemis apertement venir en gros droit à luy, doit donner l'alarme de sa parole ou par l'effort de ses armes, & se retirer à la sentinelle de derriere luy, & s'ils sont deux qui leur ait esté commandé de ne point donner l'alarme, l'vn demeurera à ladite pose iusques a estre forcé de la quitter, se retirant d'vne sentinelle à l'autre pour mieux remarquer la façon des ennemis, & l'autre s'en ira tacitement aduertir le corps de garde ou sentinelle double pour soudain retourner à sa place si les autres peuuent faire son rapport, mais estant seul il ne lairra de faire le mesme chemin d'vn pas viste & sourd droict à ladite sentinelle de derriere luy, la conuier de se tenir sur ses gardes & de là au corps de garde rapporter au vray ce qu'il aura entendu & veu sans chanceler, s'il se peut, ny mentir sur peine de la vie.

*Fin des Guets, Escoutes, & Sentinelles.*

Le deuoir

Le deuoir de la Ronde conſiſte à bien regarder & eſcouter dedans & dehors, meſmes doit faire des poſes pour demander aux ſentinelles s'ils n'ont rien apperceu, & ſe deffiant d'eux, eſcoutera luy-meſme du coſté du foſſé s'il ne deſcouurira rien, & ſelon le ſubiect, ſi c'eſt choſe d'importance, il en fera ſon rapport à celuy qui commande dans le corps de garde, ou autre lieu, comme nous dirons cy-apres. Or venant vne allarme il y doit aller, ſoit deuant ou derriere luy, pour ſçauoir ce que c'eſt, & s'ils ſont deux, l'vn s'en ira aduertir le Sergent maior ou autres, ſi c'eſt choſe d'importance, & l'autre acheuera ſa ronde, ſi faire ſe peut, & eſtant ſeul, il ne doit laiſſer d'aller à la place d'armes ou autre endroit en aduertir le Sergent maior.

Icy c'eſt choſe d'importance, comme ſi le feu eſtoit dans vn quartier, ou pour vne mutination, ou pour vne trahiſon deſcouuerte, & pour voir les ennemis ſur le foſſé, ou plus pres, ou pour la fuitte de quelqu'vn ſorty hors de la place, ou enceint, afin d'y remedier & changer l'ordre s'il eſt neceſſaire.

Mais il deuroit estre permis aux rondes de prendre deux ou trois Soldats, iusques au premier corps de garde pour suruenir à tels accidens.

Or paracheuant sa ronde qu'il rencontrast vne sentinelle malade ou blessée, doit en aduertir le corps de garde pour y en faire mettre vne autre, ou qu'il arriuast qu'il n'y en eust point au lieu requis, car il les doit cognoistre tous, ou biẽ qu'il fust endormy, il taschera de se saisir de ses armes, & y lairra son compagnon sans mot dire, mais il s'en ira au corps de garde pour y en faire mettre vne autre, & si ledit ronde estoit seul, ne luy doit toucher ses armes, mais le doit esueiller & s'en aller au corps de garde pour en faire mettre vn autre & ledit endormy sera mis desarmé entre les mains du Caporal qui en respondra pour le mettre entre les mains du Sergent maior que la ronde en aduertira. Il doit le mot au corps de garde, & quelquesfois ses marques selon les lieux, & cas aduenant qu'il fist quelque demande au corps de garde, comme il doit faire sçauoir s'il y a quelque chose de nouueau, afin d'y faire remedier & en faire son rapport à ses superieurs. Or y trouuant manque de lumiere, ou feu, ou que l'on y fist grand bruit, ou qu'il y eust manque d'hommes, il faut que ce soit auec discretion qu'il face ses demandes, car la force ne luy seruiroit de rien: mais si l'on luy refuse quelque chose, il s'en ira faire sa plainte si c'est chose d'importance, cõme de n'auoir le quart de ses gẽs, ou pour luy auoir refusé vne sentinelle, il partira tout à l'heure aduertir le Sergent maior, ou autre qui ait pouuoir de ce faire, prenãt le plus court. Or paracheuant sa ronde, & rencontrant vne autre ronde qui dist auoir oublié le mot (car l'inferieur le doit donner au superieur) doit le faire retourner par le chemin d'où il venoit, ou bien luy dõner le mot s'il en a le pouuoir: & le cognoissant bien, & ne luy pouuant donner le mot, le doit faire marcher deuant luy, iusques au premier corps de garde, où il pourra estre cogneu pour y auoir donné le mot: bref, il doit s'informer que ce ne soit vne fausse amorce, & s'il se trouue faussaire, il sera mis prisonnier dedans le corps de garde pour soudain estre interrogé de leurs superieurs, que la ronde en aduertira, ou bien vn soldat du corps de garde, que sur tout ils taschent de le donner à cognoistre au Sergent maior, afin de changer l'ordre s'il en est besoin. Or s'il auoit oublié le mot luy-mesme, il s'en retournera au premier corps de garde les prier de le luy donner, que le recognoissant bien le doiuent faire, il doit donc donner le mot à ses superieurs tenant ses armes basses & à l'endroit des autres, en deffence passant sans dire que l'ordinaire, Qui va la. Or rencontrant vne ronde sourde ou autre personne sans lumiere, doit luy faire donner le mot, & s'il est ronde sourde luy-mesme, il doit le mot par tout où il a esté dit, & plus si on me veut croire, car il le doit à tous ceux qui vont & qui viennent posant ou releuant des sentinelles, ou seroit qu'il fust recogneu pour quatriesme ou cinquiesme superieur. La ronde sourde doit auoir deux mots, vn pour les sentinelles, l'autre pour les rondes & corps de garde. Or rencontrant autre que ronde sur rampart, enceint ou muraille, doit estre mis prisonnier au premier corps de garde, se gardant bien de le tuer s'ils n'y sont contraincts, mais sera mis en prison dans ledit corps de garde, & en aduertiront le Sergent maior ou autre, comme il a esté dit cy-dessus, sauf meilleur aduis. Ie troue ceste mode de donner le mot à vne autre ronde, ny vn Caporal en son corps de garde vn peu chatoüilleux, bien que ie ne sois capable de reprendre tant de bons autheurs, qui en ont escrit & exercé, mais ie dis que les Messieurs de Venise en ont vne bonne qui est des deux ordres, le mot & le signal, comme si le mot estoit, Sainct Pierre, le signal fust la clef, ou bien Sainct Paul fust le mot, & le signal fust l'espée, ou chose semblable. Or qui veut auoir le mot en ronde, faut qu'il donne le signal apres auoir receu le mot, sauf meilleur aduis il me semble que pour n'estre point trompé à l'vsage que l'on tient que l'inferieur donne le mot au superieur en ronde, ou le Caporal à son corps de garde, que tous ceux qui doiuent receuoir le mot deuroient dire leurs noms, demandez par ceux qui doiuent donner le mot, tant rondes que corps de garde pour n'estre point trompé, comme estant chose facile à faire, puis que de iour vn faux visage trompe la veuë, à plus forte raison la nuict comme masquée trompera t'elle ladite veuë.

*Fin de la Ronde.*

*Du guet dessus la mer.*

Le guet de dessus vne hune doit auoir la voix bonne & la veuë pour auoir l'horison plus grand, afin de s'empescher des escueils & autres obstacles, & pour voir des vaisseaux pour en dire le nombre, & doit cognoistre la difference des vns aux autres, & les couleurs des enseignes & guidons de leurs ennemis, afin de dire & declarer le tour.

L'vn des deuoirs du Capitaine & autre qui a pouuoir de donner commandemēt est de sçauoir faire election de ses officiers & de cognoistre la capacité & valeur de ses Soldats, & pour les cognoistre il doit faire election de deux ou trois des plus aduisez de sa compagnie, non flatteurs que l'on appelle, mais gens capables pour ce faire qui accosteront les autres pour sonder leur capacité, & en feront leur rapport auec equité, non par enuie ny par charité, dequoy le Capitaine se doit desfier, car d'vn sot il en pourroit bien faire vn honneste homme, & d'vn honneste homme vn sot, donc ne s'en rapportera du tout à eux, car rencontrant celuy de qui l'on luy aura parlé, il le doit entretenir en particulier, car c'est le moyen d'apprendre ce qui luy est incogneu, & pour apres les disposer selõ leur capacité, & qu'il sçache que sondant leur iugement, c'est sonder leurs courages, car fort raremẽt troue on l'vn sans l'autre: qu'ils sçachent que la capacité de l'hõme se doit iuger par le moyẽ de l'ouye qu'il ne le doit mettre au rang des cheuaux & autres sortes d'animaux, que leur bonté n'est recogneuë que par le moyen de la veuë, qu'il sçache qu'il n'y a rien de plus difficile à recognoistre que la capacité de l'homme, voila pourquoy il ne le fera seruir de statuë en son logis, ou autre part. Il doit prendre peine d'accorder les querelles, mesme doit laisser toute chose pour ce faire, car c'est le moyen d'embrasser toutes affaires, parce qu'il fait le seruice de Dieu & de son Prince, qu'ils ne facent comme des Capitaines que i'ay veus qui par leur negligence ou meschanceté ont esté cause de la mort de maints galants hommes, dont ils en rendront compte, comme estant contre la volonté de Dieu & le seruice de leur Prince. Qu'il se dõne garde lors qu'il aura esté aduerty d'vne querelle de se contenter pour leur ouïr dire qu'ils ne se demandent rien, car il ne se doit fier que les

Edicts du Prince sont suffisants de les empescher de se precipiter comme l'on les voit tous les iours, mais doit les mettre en prison iusques à ce qu'ils ayent confessé la debte. Il les accordera sans faueur, sans demander qui est celuy-cy, ny celuy-là; car il doit croire que nous sommes tous fils d'Adam, & d'Eue. Il ne mesdira d'eux s'il ne veut s'en deffaire, mais leur seruira de pere à tout ce qui luy sera possible, s'il veut porter le nom de bon Capitaine.

De mesme, Sire, comme premier Capitaine pour acquerir la mesme gloire, (comme d'heureuse memoire) de cest inuincible HENRY lequel par sa bonne police & beaux exploits d'armes portoit le nom de grand Capitaine, vray pere des Soldats. Donc Sire, pour ce faire, il conuient vous informer à ces prudens personnages qui sont aupres de vostre Majesté, sçauoir à quoy consiste la charge de l'vn & le deuoir de l'autre, car c'est le moyen de se rendre capable de toutes choses, & principalement le fait de la guerre qui ne s'apprend gueres en lisant, auquel vous deuez estre le plus versé pour disposer les grades & commandements qui ne se doiuent donner legerement, car il faut que ce soit à l'experience mesme, & non à l'esperance comme l'on fait à beaucoup d'endroits que i'ay pratiqué, qui les donnẽt par importunité à des pages sous esperance qu'ils se pourront rendre capables, ou autres personnages pour de l'argent: si bien qu'vn porcher qui aura troué vn thresor sera honneste homme, parce qu'il a de l'argent, & aura charge en ce païs là mesme, s'il falloit que ces gens-là donnassent compte des charges deuant que de les posseder, ils seroient bien estõnez, & ce seroit le moyen de leur en faire perdre l'enuie leur faisant ces demandes: ce qui se doit plustost pratiquer parmy les gens de guerre, veu que la plus petite charge est suffisante quand ce seroit la moindre qui est celle de Caporal, ou Lancepassade, de faire perdre vne armée, s'il ne s'en sçait acquitter. Voila pourquoy tout homme qui a pouuoir de donner commandemẽs doit s'informer de celuy qu'il veut honorer de quelque grade ou commandement sçauoir s'il en est capable; car que l'on regarde toutes sortes de conditions & mestiers que deuant que d'estre receus maistres, faut qu'ils facent vn chef d'œuure deuant les iurez, le Conſeiller deuant que d'eſtre receu, l'Aduocat, vn ſimple chauſſetier de peur de gaſter vn meſchant bas de chauſſe. A plus forte raiſon les gens de guerre deuroient-ils donner raiſon de leur capacité deuant que d'auoir charge ou commandement, veu que tout l'eſtat repoſe ſouuent ſur vn ſeul homme. Or Sire, pour recognoiſtre la capacité de la perſonne que deſirez honorer d'vn commandement, elle doit eſtre priſe en particulier, & luy faire declarer les poincts de ladite charge, au moins d'vne partie, car pour dire le tout il faudroit auoir la memoire bien-heureuſe, & s'il n'en parle pertinemment vous en appellerez vn autre qui en parlera pertinemment, mais que ce ſoit par pratique & non par ſeule theorique, mais tous les deux ſymboliſent enſemble, & ce ſera le vray moyen de conuier toutes ſortes de perſonnes, d'eſtudier & d'aller chercher les occaſions pour ſe rendre capables, & le moyen de faire perdre l'enuie à ceux qui deſirent auoir commandement ſans auoir nulle experience ny capacité, mais chacun croit en auoir aſſez pour ſoy. Car qui demanderoit à Maiſtre Guillaume, & à ces deux grands Mirmidons nommez

Mistoudin & du Mont, s'ils ne sont pas capables d'estre Capitaines, qu'ils diroiét bien que ouy, & que celuy qui porte l'harquebuse diroit bien Maistre de Camp, mais s'il falloit qu'ils donnassent compte de ces charges, ce seroit le moyen de les rendre plus petits qu'ils ne sont.

Or sçache toute personne qui a pouuoir de donner commandement qu'informant autruy, se rend capable luy mesme.

SIRE, l'experience est la mere des sciences, & afin de recognoistre partie des personnages qui la possedent, vous pourriez auoir les pourtraits de tous les Gouuerneurs, Lieutenans de toutes les places de vostre Empire, & de tous les maistres de Camp, & de tous les trois premiers membres de chaque compagnie de caualerie, & de l'infanterie, & que chaque pourtrait portast le nom de la personne qu'il represente accompagné du nom de leurs charges, & combien il y a qu'il la possede, par ce moyen vostre Maiesté cognoistra les merites de ces persõnages lors qu'ils vous seront representez pour mieux disposer les charges à chacun selon son merite, comme il a esté dit.

Sire, il est tres-facile à vostre Maiesté de recouurer tous lesdits tableaux sans en desbourser vn seul double, car vn chacun sera bien aise d'auoir son pourtrait là où il plaira à vostre Maiesté luy donner place.

S'il plaist à vostre Maiesté, vous n'aurez qu'à commander à tous les Gouuerneurs des Prouinces de faire porter chacun le sien, accompagné de tous ceux qui sont soubs leurs charges ayant paye morte, & les Maistres de Camp & Chefs de caualerie feront le semblable, ce faisant vous representerez vn vray champ de Flore remply des forces de Mars & de Bellone, dont ie m'asseure, Sire, que de voir rangez tous les pourtraicts des Gouuerneurs des Prouinces, accompagnez de tous ceux qui sont soubs leurs charges, tant la caualerie que l'infanterie, que le tout rangez selon leurs degrez ou commandemens, contentera autant la veuë que l'aspect de la salle des antiques.

Sire, cecy declare les vtilitez & profits qui se peuuent faire faisant les pourtraits desquels il est fait mention.

Le premier est, qu'ils seruiront d'aide, car ayant les noms des personnages, de quels il a esté parlé, & le nom de leurs charges, & combien il y a qu'ils la possedent le tout dedans leursdits tableaux, on les pourra aisément cognoistre sans les auoir iamais veus, afin de disposer les charges à chacun selon son merite.

Le second est que on se peut saisir plus aisément d'vne personne si elle verse mal ayant son tableau que sans tableau.

Le troisiesme est, qu'à l'aduenir on pourra recognoistre ceux qui sont nobles par le moyen de l'espée, parce que les noms des deffuncts doiuent demeurer aux pieds de leur propre tableau.

Le quatriesme est pour empescher les païsans d'ennoblir personne par force, comme ils y sont souuent contraints.

Le cinquiesme est, pour la beauté que les tableau auront estant rangez dedans vne gallerie ou autre part, comme il a esté dit.

# AV ROY

LOVYS mon Roy, mon esperance,
C'est de voir les peuples diuers,
De ce vaste & riche vniuers
Arangez soubs vostre puissance:
Mon espoir asseuré ie fonde:
Car vos propos vrayement Royaux,
Et vos braues traicts Marciaux,
Peuuent bien dompter tout le monde.
Bonne donc est ceste esperance,
Que i'ay d'entonner sur mon luth,
Vos triomphes porte-salut,
O grand Monarque de la France.
Mais ce n'est pas assez, ô Sire,
Que nous vous voyons commander,
Il faut que nous sçachions garder
Les murailles de vostre Empire.
Voila pourquoy ie prends la peine,
D'estaller deuant vos soldars,
Ce que m'a monstré le Dieu Mars,
Pour faire vne garde certaine.
Que si ma volée est trop haute,
On s'en doit prendre au grand desir
Qu'ay de vous seruir à plaisir,
Car il me porte à ceste faute.

## A L'ENVIEVX.

*ENuieux mesdisant monstre nous ta maistrise,*
*Fay mieux que ie n'ay fait en ce petit discours,*
*Et ne detracte plus, car le faisant tousiours,*
*Tu pourrois descouurir ta brutale bestise.*

## SIXAIN.

*SI naistre d'vn François au meilleur de la France,*
*Si mettre pour le lis sa force & sa prudence,*
*Si aller pour le lis sur la terre & sur l'onde,*
*Si mettre pour le lis ses effets & sa voix,*
*Si faire tout cela est estre bon François,*
*DESCIAV est vn François & des meilleurs du monde.*

H. MEINIER.

www.ingramcontent.com/pod-product-compliance
Ingram Content Group UK Ltd.
Pitfield, Milton Keynes, MK11 3LW, UK
UKHW021033180726
13838UKWH00004B/1777

9 782019 706647